Léonard Daro

Noir est le Dieu d'Israël

Léonard Daro

Noir est le Dieu d'Israël

Les personnages bibliques étaient noirs

Éditions Croix du Salut

Imprint

Cover image: www.ingimage.com

Publisher:
Éditions Croix du Salut
is a trademark of
Dodo Books Indian Ocean Ltd. and OmniScriptum S.R.L publishing group

120 High Road, East Finchley, London, N2 9ED, United Kingdom
Str. Armeneasca 28/1, office 1, Chisinau MD-2012, Republic of Moldova, Europe
Printed at: see last page
ISBN: 978-620-3-84577-8

NOIR EST LE DIEU D'ISRAEL

[Sous-titre du document]LELE

1. INTRODUCTION

Il est de ces sujets qu'on a difficile à aborder, des textes qu'on lit et qu'on croit comprendre d'une certaine manière mais qui, confrontées à des faits que l'on connaissait aussi, s'avèrent tout à fait contraires à ce qu'on a toujours cru. Parfois parce qu'on n'a jamais fait le rapprochement entre les deux faits ; parfois aussi parce la chose était tellement encrée dans le vécu quotidien, tellement populaire qu'on ne pouvait pas penser qu'il puisse en être autrement.

Tel est le cas des récits et personnages bibliques qui trônent dans les pensées chrétiennes depuis toujours mais dont on ne s'est jamais demandé s'ils étaient réellement tels qu'on les a toujours présentés. Qui avait intérêt à se demander quelle était la couleur de la peau d'Adam et Eve, par exemple ? N'est-ce pas évident, puisque ce sont les Occidentaux qui, profitant des conquêtes dont ils ont fait le soubassement, ont porté la Bible, et donc le christianisme, dans le monde entier, n'est-ce pas évident, disais-je, qu'ils avaient, comme les Occidentaux eux-mêmes, une peau blanche ?

Et pourtant, ces écrits bibliques, confrontés à certaines vérités scientifiques et aux écrits des anciens historiens, semblent dire tout à fait le contraire. Certes, l'Occident est entré dans le christianisme par la Rome des César, mais est-ce l'Occident qui a fait le christianisme ? Est-ce l'Occident qui a fait la Bible ?

L'exposé ci-après engage une vigoureuse discussion sur le sujet afin d'exhumer certaines vérités jusque-là enfuie dans le fonds même des versets bibliques et qu'on n'a jamais cherché à élucider tout simplement parce qu'on n'y voyait aucun intérêt.

2. LES BASES SCIENTIFIQUES

Nous avons tous appris à l'école que l'Afrique est le berceau de l'humanité. Cette affirmation a été vulgarisée parce que la science détient des preuves matérielles démontrant cette vérité : les plus vieilles traces de l'existence de l'homme sur terre y ont été trouvées. La même science a également révélé que les vestiges les plus anciens de la civilisation humaine ont été laissés par les Egyptiens. Or, le scientifique sénégalais Cheikh Anta Diop a démontré, grâce aux traces de mélanine trouvées sur les momies, que les pharaons et donc les Egyptiens anciens avaient la peau noire.

Comme il le décrit dans son livre intitulé : « *Antériorité des civilisations nègres, mythe ou réalité ?* », l'homo sapiens moderne est apparu il y a 150.000 ans dans la région africaine des Grands Lacs. Il se serait ensuite déployé vers le Nord, le long du Nil pour finir par sortir de l'Afrique par l'isthme de Suez (nord-est de l'Egypte), la Sicile (Italie du Sud) et le Détroit de Gibraltar qui sépare le Maroc de l'Espagne.

D'ailleurs, Cheikh Anta Diop n'est ni le premier ni le seul érudit à affirmer que les Egyptiens antiques étaient des hommes de peau noire. Déjà, bien avant l'ère chrétienne, des historiens célèbres comme Hérodote, Aristote, Strabon et Dédore de Sicile ont écrit sur le caractère négroïde des Egyptiens anciens.

Hérodote (480-425 av. J.C.), entre autres, a écrit ce qui suit : « *Quoi qu'il en soit, il apparaît que les Colchidiens sont les Egyptiens d'origine et je l'avais présumé* *avant d'en avoir entendu parler à d'autres, mais j'étais curieux de m'en instruire, j'interrogeais ces deux peuples, les Colchidiens se retrouveraient beaucoup mieux Egyptiens que ceux-ci ne se retrouveraient Colchidiens. Les Egyptiens pensent que ces peuples sont des descendants d'une partie des troupes de Sésostris. Je le conjurais aussi sur deux indices : le premier c'est qu'ils sont noirs et qu'ils ont les cheveux crépus, preuve assez équivoque, puisqu'ils ont cela de commun avec d'autres peuples ; le second et le principal, c'est que les Colchidiens et les Ethiopiens sont les seuls hommes qui se fassent circoncire depuis des temps immémoriaux ». (*Hérodote, Histoire (traduction du grec par Carcher avec des notes de Bochard, Wesseling, Sculiger (et al.), Paris, Charpentier, 1850.

Au 18ème Siècle, le Comte de Volney, de retour d'un voyage en Egypte, racontait quant à lui que « *les Egyptiens ont le visage bouffi, l'œil gonflé, le nez écrasé, la lèvre grosse, en un mot, un visage de Mulâtre. J'étais tenté de l'attribuer au climat lorsque, ayant été visiter le sphinx, son aspect me donna le mot de l'énigme. En voyant cette tête caractérisée Nègre dans tous ses aspects, je me rappelai ce passage remarquable d'Hérodote où il dit : Pour moi, j'estime que les Colches sont une colonie des Egyptiens parce que, comme eux, ils ont la peau noire, et les cheveux crépus ; c'est-à-dire que les anciens Egyptiens étaient des Nègres de l'espèce de tous les naturels d'Afrique et, dès lors, on explique comment leur sang, allié depuis plusieurs siècles à celui des Romains et des Grecs, a dû perdre l'intensité de sa première couleur, en conservant cependant l'empreinte de son moule originel ».* Constantin-François Chasseboeuf, Comte de Volney, Voyage en Egypte et en Sirie, 1783.

Tout près de nous, le paléoanthropologue Yves Coppins, crie depuis plus de trente ans, notamment dans son livre intitulé « Histoire de l'homme et changement climatique », que l'humanité est issue d'une seule souche et que cette souche était noire. Il explique que le premier couple de l'humanité a été de peau noire et qu'il est apparu dans une zone équatoriale. La décoloration de la peau vers la teinture blanche est la conséquence du déploiement progressif de l'homme vers les régions polaires. Ce serait un processus métabolique de survie enclenché par l'organisme et dans lequel l'acteur principal est la mélanine.

En effet, la fabrication de la vitamine D, appelée aussi vitamine de croissance, a comme catalyseur les rayons du soleil. Cette vitamine essentielle se fabrique toute seule dès que l'on est exposé aux rayons solaires. Tant qu'ils tournaient dans les zones équatoriales, les humains avaient du soleil à gogo et la synthèse de la vitamine D se faisait normalement. Mais lorsqu'ils ont commencé à se déplacer vers les pôles, le problème a commencé à se poser, car les rayons du soleil devenaient de plus en plus rares et de plus en plus faibles. Du coup, la carence en vitamine D se fit de plus en plus sentir avec comme conséquence la tendance vers le crétinisme.

Donc, puisque les rayons du soleil faiblissaient au fur et à mesure que les hommes s'éloignaient de l'équateur et que la synthèse de la vitamine D devenait de plus en plus difficile, l'organisme humain a réagi en s'attaquant à l'écran protecteur (contre les rayons ultra-violets notamment) que constituait la mélanine et qui donne à la peau sa couleur noire. La réduction du taux de la mélanine dans le corps s'imposait de plus en plus. En d'autres termes, en réduisant progressivement le taux de la mélanine, la peau devenait de plus en plus claire en même temps que cela permettait à l'organisme de maximiser le captage des rayons faiblissant du soleil. C'est ainsi que serait finalement apparu la peau dite blanche. L'homme que Dieu a créé, lui, était noir à l'origine.

D'ailleurs la matière première utilisée par Dieu pour fabriquer la statue dans laquelle il a injecté le souffle de vie était l'argile, le limon (Gn 2 : 7-15). Or l'argile n'est pas blanche. Elle est plutôt café-au-lait. Comment l'homme qui en est sorti pouvait-il devenir blanc ?

En définitive, l'espèce humaine n'a qu'une seule race, la race noire. La décoloration de la peau vers le blanc n'est que la conséquence physiologique de l'adaptation au climat par la réduction du taux de la mélanine, réduction occasionnée par la nécessité de captage des rayons solaires dans les zones où l'ensoleillement était très réduit.

Les scientifiques le savaient pertinemment bien depuis des lustres, même s'ils n'en ont pas fait écho pour des raisons évidentes. Lorsqu'ils ont établi la classification des espèces, ils ont, comme par hasard, spécifié que l'humanité était du genre homo, espèce sapiens et race sapiens. Ils n'ont pas indiqué la pluralité des races. Pour dire que tous les hommes de la terre, qu'ils soient blancs, jaunes ou noirs, sont des homo sapiens sapiens. C'est-à-dire une seule race, la race noire dont certains individus se sont retrouvés décolorés par l'action du climat.

Pourquoi, dès lors, ne pouvons-nous pas extrapoler à partir de cette évidence scientifique et affirmer, une fois pour toutes, que Adam et Eve, le premier couple de l'humanité selon la Bible, étaient tout simplement noirs ?

3. LE JARDIN D'EDEN

L'étendue de terre appelée Eden dans la Bible n'a pas été délimitée. On nous dit seulement que Dieu y planta un jardin dans lequel il plaça l'homme. Ce qui voudrait dire que l'homme avait été créé et fixé dans un jardin que Dieu avait aménagé en Eden.

*Puis l'Eternel Dieu planta un jardin en Eden, du côté de l'orient, et il y mit l'homme qu'il avait formé. (*Gn 2 : 8)

Il y a lieu de noter, avant de continuer, que la terre, à l'origine, n'était pas telle que nous la connaissons aujourd'hui. La topographie mondiale aurait énormément changé et continuerait de changer jusqu'à ce jour. Les scientifiques parlent d'un ancien supercontinent appelé Gondwana qui aurait existé il y a 600 millions d'années et qui aurait commencé à se fissurer, petit à petit, à partir de 160 millions d'années, pour donner à notre terre sa configuration actuelle.

Pour se conformer à la Bible et mieux comprendre ce qui est dit dans le livre de la création, il serait plus utile de convenir qu'Eden est le nom biblique de ce continent primitif qui apparut lorsque Dieu sépara les eaux de la terre ferme. Puisque selon le sens des Ecritures, il y eut à l'époque un seul continent et un seul océan (Gn 1 : 9-10). Donc, quand elle parle de l'orient dans le verset ci-dessus, la Bible fait plutôt allusion à ce continent ancien, et non à l'orient de la terre telle que nous la connaissons aujourd'hui.

A défaut de localiser Eden, puisqu'aucune coordonnée géographique ne nous a été fournie, nous pouvons nous contenter d'essayer de localiser l'emplacement du jardin lui-même en ayant en tête l'idée que ce jardin fait partie d'une étendue de terre, de ce continent primitif, que la Bible appelle Eden.

Un fleuve sortait d'Eden pour arroser le jardin, et de là il se divisait en quatre bras. (Gn 2 : 10).

Le fleuve qui sort d'Eden pour arroser le jardin n'a pas été nommé non plus. La Bible se contente de dire qu'après être sorti d'Eden, ce fleuve se divise en quatre bras dont elle nous donne quelques traces pouvant permettre leur localisation. A partir de ces quatre bras, nous pouvons nous faire une idée de l'étendue et de l'emplacement de ce qu'on appelle jardin d'Eden.

Le nom du premier est Pischon ; c'est celui qui entoure tout le pays de Havila, où se trouve l'or. L'or de ce pays est pur ; on y trouve aussi le bdellium et la pierre d'onyx (Gn 2 : 11-12).

Des opinions s'entrechoquent violemment en ce qui concerne la localisation de ce fleuve. Alors que Flavius Josephe, écrivain juif, rapporte dans les « Antiquités judaïques », chapitre 1, que le fleuve Pischon, dont le nom signifie abondance et que les Grecs appelaient Gange, s'en va vers l'Inde et de là il se jette dans la mer, Sévérien de Gabala dans « cinquième homélie sur la Genèse », chapitre 5, pense qu'il s'agit tout simplement du fleuve Danube.

Par contre, Rachi, suggère que Pischon ou Pichon n'est rien d'autre que le Nil. Selon lui, ce nom vient de l'égyptien pacha qui veut dire « répandre ». Il se fonde sur ce que disaient les égyptiens, parlant des crues du Nil, que ses eaux montaient et se répandaient pour arroser le sol. Il se réfère aussi à d'autres textes anciens qui disent que le Pichon faisait pousser le lin étant donné que l'Egypte antique était réputée pour son industrie du lin.

Pourtant, la Bible apporte une précision qui rend caducs ces tiraillements en affirmant que le Pichon entoure le pays de Havila. Car Havila est une région de l'Asie bien connue, au nord de l'actuelle Turquie. Cette région était très riche en or. L'histoire s'y réfère en disant que les mineurs des alluvions, y utilisaient les toisons de moutons pour attraper l'or dans leurs écluses et les personnages mythiques Jason et les Argonautes y ont cherché la toison d'or.

Appelé couramment Fison, il coule vers le pays des Mèdes (territoire recouvrant le nord-ouest de l'actuel Iran, au sud de la Mer Caspienne), parallèlement au Tigre.

Le nom du second fleuve est Guihon ; c'est celui qui entoure tout le pays de Cusch. (Gn 2 : 13).

Même si les biblistes fondamentalistes et exégètes prétendent que le fleuve Guihon n'existe pas, de grands historiens comme Sévérien de Gabala et Flavius Josephe, cités ci-dessus, identifient unanimement Guihon avec le Nil. Dans la mesure où la Bible nous facilite la tâche en précisant que c'est le fleuve qui entoure tout le pays de Cusch. Or, Cusch ou Koush étant fondamentalement reconnu comme l'Ethiopie, le seul grand fleuve qui traverse ce paysage de part en part est le Nil.

Long de 6.671 km, le fleuve Nil, du moins le Nil blanc, qui prend sa source dans la région des grands lacs africains avant de recevoir l'apport du Nil bleu venant du lac Tana, en Ethiopie, traverse 6 pays africains : le Burundi, le Rwanda, l'Ouganda, la Tanzanie, le Soudan et l'Egypte. C'est le plus long fleuve d'Afrique, avant le Congo.

Le nom du troisième est Hiddékel ; c'est celui qui coule à l'orient de l'Assyrie (Gn 2 : 14).

Le fleuve Hiddékel est à ce jour connu sous le nom du Tigre, l'un des deux grands fleuves qui embrassent de leur cours la Mésopotamie. C'est au bord de ce grand fleuve que se trouvait le prophète Daniel lorsqu'il eut sa vision apocalyptique (Daniel 10 : 4).

Le Tigre descend des montagnes d'Arménie (ancien Ourartou). C'était le fleuve de l'Assyrie ; il arrosait Ninive et atteignait la Babylonie un peu plus bas que l'emplacement de l'actuelle Bagdad.

Il est long d'environ 1 800 km ; le niveau de ses eaux s'élève en mars et en avril, à la fonte des neiges, et s'abaisse au milieu de mai. Très torrentueux dans les montagnes, son cours rapide est régularisé dans la plaine par divers barrages et contribue à l'irrigation du pays.

Le quatrième fleuve, c'est l'Euphrate (Gn 2 : 14).

L'Euphrate est un fleuve d'Asie long de 2.780 km. Avec le Tigre, il forme, dans sa partie basse, la Mésopotamie (du grec μεσο [*mésos*] « milieu » et ποταμός [*potamós*] « fleuves »).

De type pluvio-nival, son débit est particulièrement irrégulier, puisque plus de la moitié de son flux s'écoule de mars à mai et que le débit peut tomber à 300 m^3/s contre un débit moyen de 830 m^3/s à son entrée en Syrie. En période de crue, il peut atteindre 5 200 m^3/s pouvant provoquer de graves inondations. D'une année à l'autre, le volume d'eau varie fortement passant de 15 km^3 lors de la sécheresse de 1958-1962 à 58 km^3 en 1969.

Le débit de l'Euphrate diminue en traversant les zones sèches en raison de la forte évaporation, en particulier dans les lacs artificiels, et du pompage pour l'irrigation. Ainsi, alors que le volume moyen d'eau entrant en Syrie est de 28 km^3, il tombe à 26 km^3 à la frontière irakienne malgré l'apport de trois affluents (1,75 km^3) et n'est plus que de 14 km^3 à Nassiriya au sud de l'Irak (E. Vaumas, 1955).

L'Euphrate est aujourd'hui un sujet de friction entre l'Irak, la Syrie et la Turquie, cette dernière voulant réduire son débit par la construction de nouveaux barrages.

*

*   *

Comme on peut le constater, le jardin d'Eden n'est pas à imaginer comme un potager derrière la maison. Bien que certains le situent sans aucune raison valable, à la jonction des fleuves Euphrate et Tigre, il est plutôt à considérer comme une vaste bande de terre englobant l'Afrique toute entière et se prolongeant jusqu'en Inde. Ceci veut dire que les premières villes dont parle la Bible telles que Babel, Ninive, Sodome et Gomorrhe ont toutes été construites dans le jardin d'Eden. Sans oublier que tout le feuilleton biblique a été tourné dans ce beau paysage.

Il n'est pas facile, dans ces conditions, de s'imaginer l'endroit exact où Dieu a pris l'argile dont il s'est servi pour créer l'homme. Cependant, étant donné l'environnement riche en biodiversités tel que décrit dans la Bible (Gn 2 : 9), on peut supposer que cela s'est passé en Afrique Central, au beau milieu de la forêt équatoriale, à cause de la richesse de la faune et de la flore qu'on y trouve.

4. LA TABLE DES NATIONS

Après avoir visualisé un tout petit peu le jardin d'Eden sur le globe terrestre, il est maintenant question de voir comment les nations se sont déployées sur la terre après le déluge.

Noé avait eu trois fils qui sont Sem, Cham et Japhet. De ces trois fils, la Bible parle très peu de Japhet. A part que ses fils furent : Gomer, Magog, Madaï, Javan, Tubal, Méschec et Tiras (Gn 10 : 2). De Gomer naquit un certain Aschkenaz, père des juifs convertis qui occupent actuellement la terre d'Israël et dont nous parlerons un peu plus tard. Des sources exogènes révèlent qu'il fut albinos et que sa descendance s'installa dans ce qui est aujourd'hui l'Europe Centrale et Occidentale. Le terme albinos n'a certainement pas été utilisé dans le sens scientifique d'une mutation génétique que désigne généralement le terme albinisme. L'auteur de cette théorie voulait certainement souligner qu'il avait la peau anormalement blanche par rapport au teint du reste de sa communauté qui était noir.

Cham est le fils de Noé dont on dit qu'il était noir et auquel on rattache faussement la malédiction de Noé pour avoir vu la nudité de son père (Gn 9 : 20-25). La traite négrière était justement fondée sur cette Ecriture, comme quoi les Noirs étant les descendants de Cham pouvaient être impunément maintenus en esclavage, sans aucun remord, conformément à cette malédiction. C'est vrai que les Noirs sont les descendants de Cham ou Kam, car, ce nom dérive d'une racine égyptienne km, qui signifie noir. Mais la malédiction de Noé n'était pas lancée contre son fils Cham, mais plutôt contre son petit-fils Canaan. Quel impact pouvait bien avoir une malédiction de Noé contre Cham, alors que ce dernier avait été béni par Dieu lui-même, en même temps que ses deux frères, à leur sortie de l'arche (Gn 9 : 1-17) ? Il va de soi que, l'albinisme (blanc) étant une exception, la règle voudrait que Cham, Sem et tous les autres membres de la communauté soient noirs. D'ailleurs, il est biologiquement difficile de comprendre que Cham soit déclaré noir alors que son père, sa mère et ses frères étaient blancs. En effet, si une famille noire peut avoir enfant blanc (cas des albinos), il est pratiquement impossible pour un couple blanc de mettre au monde un enfant noir. Donc si Cham était noir comme on le dit, cela implique que Noé et son épouse, ainsi que son frère Sem étaient tous noirs.

En plus de Canaan qui avait été maudit, Cham avait eu trois autres fils : Cusch, Mitsraïm et Puth. Canaan n'était pas devenu noir par enchantement à la suite de la malédiction de son grand-père. Il était noir parce que, comme nous l'avons déjà dit, son père, Cham, était noir. Et si Cham était noir, c'est parce que Noé, son père, était aussi noir. Par conséquent, à part Japhet qui aurait été albinos, tout ce petit monde était tout simplement noir. Ce qui implique également que, en amont, Adam et Eve étaient bel et bien noirs. A moins qu'on nous prouve que le calcul des probabilités en ce qui concerne les croisements génétiques de l'époque étaient différents des nôtres, ce qui serait totalement absurde.

De même, si Cham était noir, cela veut dire que tous ses fils : Cusch, Mitsraïm, Canaan et Put étaient noirs. Or, il a été formellement établi que Cush est le père des Ethiopiens et Soudanais (nubiens), Mitsraïm est le père des Egyptiens et Puth, l'ancêtre des Libyens. Par conséquent, à leurs origines, Ethiopiens, Egyptiens et Libyens étaient des gens de couleur. Parmi les fils de Cusch on trouve d'abord Saba. Nous connaissons l'histoire de la reine de Saba, dont le territoire partait de l'Ethiopie actuelle jusqu'au Yémen. Une légende, dont un fragment se trouve dans la Bible, raconte que la reine de Saba effectua une visite officielle à Jérusalem. Sur place, elle eut une histoire d'amour avec le roi Salomon avec lequel elle eut un enfant. Ensuite, nous avons Havila (région de l'Asie appelée Mésopotamie où coule le fleuve Tigre, l'un des quatre fleuves qui arrosaient le jardin d'Eden). Puisqu'il a été prouvé que les Egyptiens antiques (descendants de Mitsraïm) étaient des hommes de peau noire ; puisqu'il est clair que les Ethiopiens (fils de Kusch) étaient noirs (Ethiopie vient d'un mot grec qui signifie « pays des hommes au visage brûlé », c'est-à-dire noirs) l'honnêteté intellectuelle voudrait qu'on reconnaisse aussi que les Libyens (descendants de Put, leur frère) de l'époque, sans oublier les mésopotamiens et Babyloniens, descendants de Canaan, neveux de ces Egyptiens et Ethiopiens), étaient également noirs. D'ailleurs, le mot Cush lui-même, en hébreux, désigne la couleur noire. De la descendance de Cusch naquit un certain Nimrod qui fut le premier roi de l'humanité et qui construisit les premières villes dont la ville de Babel (Gn 10 : 8-10). La tour de Babel fut donc construite par des hommes noirs.

De Canaan, la Bible nous dit qu'il est le père entre autres des Jébuséens et des Amoréens (Gn 10 : 15-16). Or, c'est à Jébus que fut construite, plus tard, la très célèbre et très sainte ville de Jérusalem (Js 15 : 8 ; 18 : 28 ; Jg : 19 : 10-11 ; Ch 11 : 4-5). Cela sous-entend que la Cité de David (a été construite et habitée par des Noirs.

Les familles des Cananéens se dispersèrent ensuite de Sidon à Gaza en passant par Sodome et Gomorrhe. Ils constituèrent un vaste pays qui engloberait aujourd'hui : le Liban, la Syrie, la Jordanie et Israël, territoire jadis appelé simplement pays de Canaan, qui fut reconquis par les Israélites après leur sortie d'Egypte.

Dans la lignée de Sem se trouve, entre autres, Héber, l'ancêtre des Hébreux et aussi Terach, le père d'Abraham (Gn 11 : 26). Abraham et sa famille vivaient à Ur, en Mésopotamie (actuel Irak). Pour dire que toute cette région du Proche et Moyen Orient était occupée par des Noirs. Plus tard, lorsqu'Il fit alliance avec Abraham, Dieu promit de donner à sa postérité tout le pays allant du fleuve d'Egypte (le Nil) jusqu'à l'Euphrate (Gn 15 : 18), c'est-à-dire de l'Afrique à l'Inde. Cette conquête israélite est la véritable explication de la malédiction de Canaan par Noé.

Même les Arabes étaient au départ des hommes de peau noire. Car ils descendent d'Ismaël, fils d'Abraham (noir) avec Agar, une servante égyptienne (noire). Ismaël, à son tour, épousa une femme égyptienne, noire (Gn 21 : 20-21). Ce couple fonda la nation arabe ainsi qu'une lignée qui aboutit au prophète Mohamed (noir).

C'est aussi le cas des Irakiens, Iraniens, Afghans, Pakistanais, Indiens, Népalais, Sri-lankais et Bangladeshis qui étaient tous noirs à l'origine, étant les descendants des migrants éthiopiens. Leur teint a viré vers le blanc à la suite de leur métissage avec les Aryens (Européens blancs) qui sont les descendants de Japhet, 3ème fils de Noé.

5. LES AFRICAINS DANS LA BIBLE

Partant du fait que les Egyptiens de l'antiquité étaient des hommes de peau noire, nous allons tenter de démontrer que les personnages bibliques l'étaient aussi. Voici quelques exemples phares tirés de la Bible.

1. Joseph, l'un des douze fils de Jacob, fut vendu par ses propres frères aux marchands ismaélites qui le revendirent en Egypte. Il se retrouva finalement esclave chez un officier militaire égyptien. Grâce à son don de visionnaire qui lui avait valu d'être haï par ses frères, il devint Premier Ministre d'Egypte pour avoir élucidé le songe du pharaon sur les vaches maigres et les vaches grasses. Lorsqu'éclata la famine, les frères de Joseph descendirent en Egypte pour se procurer des vivres. Ils se retrouvèrent face à face avec Joseph. Mais la Bible dit qu'ils ne le reconnurent pas (Gn 42 : 8). Comment une telle chose aurait-elle pu arriver ? Comment un Blanc n'a-t-il pas pu être identifié dans un pays des Noirs ? Ses frères l'auraient facilement reconnu si la couleur de sa peau était différente de celle des égyptiens. C'est parce qu'il était noir que ses frères l'ont tout simplement pris pour un quelconque Egyptien.

   De même, lorsque Jacob mourut et que ses fils allèrent l'enterrer au pays de Canaan comme il l'avait exigé, les Cananéens les considérèrent tous comme des Egyptiens (Gn 50 : 11). Tout simplement parce que, comme les Egyptiens, ils étaient tous de peau noire. Et comme ils n'étaient pas Cananéens, ils ne pouvaient être qu'Egyptiens.

2. Moïse est l'Africain le plus célèbre de l'ancien testament. Il fut ramassé au bord du Nil par la fille du Pharaon qui le présenta à son père comme étant son propre fils (Ex 2 : 2-8). Epouse d'un officier militaire qui venait de mourir au front, elle raconta à son père qu'elle était tombée enceinte de son mari avant que celui-ci n'aille se faire tuer à la guerre. De sorte que Moïse fut élevé comme un prince dans la cour du Pharaon. La question que nous nous posons est celle de savoir comment le Pharaon (noir) a-t-il pu gober cette histoire de sa fille si Moïse était de peau blanche comme on le prétend (Ex 2 : 1-8) ? Si les Hébreux étaient de peau blanche, Moïse serait donc un petit Blanc, très facilement reconnaissable. Alors, comment est-ce que le Pharaon a pu d'abord accepter que sa fille (noire), mariée à un officier (noir) de l'armée égyptienne ait pu mettre au monde un enfant blanc et ensuite élever ce dernier dans la cour royale, alors qu'il venait de promulguer une loi disant que tout nouveau-né mâle chez les Hébreux (supposés Blancs), qui étaient esclaves en Egypte, devait être tué (Ex 1 : 15-22) ?

Plus tard, Moïse, dans le désert de Madian, prit la défense des filles du sacrificateur Reuel qui étaient régulièrement retardées par des bergers chaque fois qu'elles se rendaient au puit pour puiser de l'eau. Elles étaient obligées de servir d'abord les bergers et leurs bêtes avant de se servir elles-mêmes. Ce jour-là Moïse s'interposa, exigeant qu'on les laissât se servir d'abord. De telle sorte qu'elles retournèrent assez tôt à la maison. A la question de leur père de savoir comment elles avaient fait pour revenir si tôt, elles répondirent qu'un Egyptien les avait sauvées (Ex 2 : 16-19). Pourquoi ont-elles pris Moïse pour un Egyptien s'il n'était pas nègre comme l'étaient les Egyptiens ?

3. Job, au paroxysme de la calamité qui était tombée sur lui, se dit noirci mais pas par le soleil. S'il n'était pas noirci par le soleil, cela veut dire que sa peau était naturellement noire, et que l'état de perdition dans lequel il se retrouvait l'avait rendue encore plus noire (Job 30 : 28-30).

4. Une fille de Jérusalem, fiancée au roi Salomon, s'adresse à ses rivales en disant qu'elle est noire, mais qu'elle est belle (Cantiques des Cantiques, 1 : 5-6). C'est sans commentaire.

5. Sur le chemin du Calvaire, Jésus, maltraité toute la nuit, très fatigué, tomba plusieurs fois, risquant même de passer de vie à trépas avant d'atteindre Golgotha. Un homme sortit de la foule pour l'aider à porter sa croix. Son nom était Simon de Cyrène. Or, Cyrène était une ville de la Lybie. Cet homme était donc un noir. Que faisait-il à Jérusalem ? La réponse est qu'il faisait partie des Juifs de la diaspora venus en pèlerinage à Jérusalem en période de Pâques (Ac 2 : 5-11). Ce qui veut dire également que les Juifs, dans l'ensemble, étaient noirs.

6. Est-ce par hasard que l'apôtre Paul a été confondu avec un Egyptien (Ac 21 : 36-37) ? Bien sûr que non. On l'a pris pour un Egyptien parce que, comme les Egyptiens, lui aussi avait la peau noire.

7. Même les habitants du ciel semblent être de coloration négroïde comme nous le confirment les Ecritures. A titre illustratif, le prophète Daniel a eu des visions dans lesquelles des êtres célestes lui sont apparus pendant la déportation juive à Babylone.

Dans sa première vision, Il voit un homme vêtu de blanc, dont les cheveux ressemblent à de la laine pure (Dn 7 : 9). La laine ce sont les poils des moutons. Ceux qui ont eu à observer les moutons reconnaîtront avec moi que la laine, sur le corps d'un mouton, est caractéristique des cheveux crépus d'un Nègre.

Plus tard, il a été visité par un ange de Dieu, au bord du fleuve Tigre. Il le décrit comme étant un homme vêtu de lin et ceint en or, avec un visage qui brillait tellement qu'on ne pouvait pas le fixer en face. Mais ses bras et ses pieds, les seules parties de son corps, en plus du visage, qui n'étaient pas couvertes par ses vêtements, avaient la couleur de l'airain (Dn 10 : 4-6). L'airain est synonyme du bronze. Et le bronze est souvent utilisé pour la fabrication des statues qui ornent les places publiques à travers le monde. Si vous voulez connaître la couleur du bronze, vous n'avez qu'à observer la couleur de ces statues. A Kinshasa, particulièrement, on rencontre principalement celle de Patrice Emery Lumumba, à l'entrée de Limete, et celle de Laurent Désiré Kabila, devant le Palais de la Nation, à Gombe. Elles ne sont pas du tout blanches.

8. L'autre visionnaire de la Bible est le prophète Jean. D'abord il voit une personne au milieu de sept chandeliers d'or (Ap 1 : 12-15). La description de ce personnage n'est pas du tout différente de celle de l'ange qu'avait vu Daniel. Lui aussi avait les cheveux « comme de la laine blanche » (crépus) et la peau bronzée.

9. Dans sa vision de l'apocalypse, il a été ensuite donné au prophète Jean de contempler Dieu dans toute sa splendeur, assis sur son trône sacré. Jean le décrit comme ayant la couleur d'une pierre de jaspe et de sardoine (Ap 4 : 2-4). Le jaspe est une pierre précieuse, un diamant, qui a une multitude de couleurs selon qu'il contient du dioxyde ou de l'hydroxyde de fer (jaune, beige, brun, rouge) mais aussi de nickel ou de chrome (vert), de manganèse (rose, orange) ou de cuivre (vert, bleu). Tandis que la sardoine a exclusivement la couleur rouge-brun, plus ou moins translucide. Tout cela, confondu, donne un teint plutôt sombre…

Ainsi, lorsque Dieu dit « *Faisons l'homme à notre image, selon notre ressemblance, et qu'il domine sur les poissons de la mer, sur les oiseaux du ciel, sur le bétail, sur toute la terre, et sur tous les reptiles qui rampent sur la terre ».* (Gn 1 : 26), ce teint sombre faisait certainement partie des critères qu'il entendait prendre en compte.

6. LES COMMUNAUTES JUIVES EN AFRIQUE

Il existe des communautés juives, enracinées en Afrique noire depuis des siècles. Il s'agit, entre autres des **Lemba,** essentiellement en Afrique du Sud, des Abayuda en Ouganda, des **Falachas** en Ethiopie, des Balouba en République Démocratique du Congo, des Zakhor, et des Ibo du Nigeria ou Jews of Rusape. Ils ont en commun d'être noirs, africains et de se revendiquer comme juifs par la pratique, dans leurs traditions ancestrales, des rites juifs qu'ils avaient héritées de leurs ancêtres en dehors de toute évangélisation.

a. Les Falachas d'Ethiopie

De ces communautés, seuls les Falashas ont déjà été reconnus comme Juifs par l'Etat hébreux. Descendants du roi Salomon et de Makeda, la reine de Saba, ils avaient été obligés de s'installer en Ethiopie car les notables juifs ne voulaient pas que le fils de la reine de Saba, qui était pourtant le fils aîné du roi Salomon, héritât du trône d'Israël.

Pour la petite histoire, la reine de Saba était une admiratrice invétérée du roi Salomon. Ayant entendu des éloges que lui faisaient les voyageurs en provenance de Jérusalem, elle décida d'effectuer un voyage officiel en Israël afin de l'éprouver elle-même. Durant son séjour à Jérusalem, Makeda fit venir 10 enfants de moins de huit ans, des deux sexes confondus, les habilla et les coiffa exactement de la même manière et les fit défiler devant le roi Salomon, lui demandant de faire appel à sa sagesse pour distinguer les filles des garçons. Avant de donner suite à cette équation, le roi fit apporter des friandises et demanda aux enfants de manger et d'en prendre autant qu'ils pouvaient pour amener à leurs familles. Certains, après avoir mangé, retroussèrent leurs jupes pour y mettre le plus de friandises possible à emporter pour leurs familles, mais les autres n'eurent pas le courage de se dénuder. Et Salomon dit à Makeda : « ceux qui ont retroussé leurs Jupes sont des garçons, le reste sont des filles » et il en fut bien ainsi.

Entretemps, l'admiration que nourrissait la reine de Saba envers le roi Salomon s'était transformé en amour. Mais la reine ne céda point aux avances du roi, du fait que ce dernier était déjà marié à une soixantaine de femmes qui ne lui avaient donné que des filles jusque-là. Alors Salomon dit à Makeda : « Je respecte ta réticence. Mais le jour où tu toucheras à quoi que ce soit de mon palais, sans mon autorisation, je considérerai cela comme ton accord tacite à convoler avec moi ».

Or, un jour, la reine fut invitée à une fête organisée au palais royal. De retour dans ses appartements, après cette fête, elle eut chaud et soif. Elle se souvint que Salomon avait fait détourner le lit d'une rivière qui passait maintenant sous le palais royal. Elle descendit donc sous les voûtes du palais et s'installa au bord de la rivière, les pieds dans l'eau. Elle en vint même à se barbouiller le visage et à goûter un peu de cette eau fraîche et limpide. Mal lui en prit. Car Salomon, qui l'observait du coin, surgit en ce moment-là pour lui rappeler sa recommandation. Prise en flagrant délit, Makeda ne se fit pas prier. C'est ainsi que commença leur idylle. C'est lorsqu'elle se rendit compte qu'elle était tombée enceinte de Salomon qu'elle se souvint de son pays qu'elle avait quitté six mois auparavant.

Salomon lui donna une bague en or frappée du sceau royal et lui dit : « Si tu accouches d'un garçon, à sa majorité, donnes-lui cette bague et envoie le à Jérusalem afin que je le reconnaisse. Makeda accoucha d'un garçon et lui donna le nom de Ibn Melik, qui veut dire fils du roi. A sa majorité, elle l'envoya auprès de son père à Jérusalem, comme convenu. Salomon réunit les représentants des douze tribus d'Israël pour le leur présenter. Mais, du fait que sa mère n'était pas juive, donc païenne, ils refusèrent de le reconnaître comme le prince héritier du trône d'Israël et recommandèrent à Salomon de le renvoyer auprès de sa mère. Fâché, le roi accepta cette exigence à condition que le fils aîné de chacun d'eux accompagnât le sien. Il leur fut adjoint quelques prêtres afin qu'ils n'aillent pas oublier leurs origines juives. On raconte même que Salomon confia discrètement à son fils les tablettes des dix commandements de Moïse. Cette équipe constitue le noyau de la communauté juive en Ethiopie, appelée plus tard les Falachas.

A la mort de la reine de Saba, son fils Ibn Melik la remplaça sur le trône d'Ethiopie. Il régna sous le nom d'empereur Ménélik 1er. Une longue dynastie des fils de Salomon s'en suivit. Le tout dernier fut l'empereur Haïlé Sélassié, assassiné en 1975 à la suite d'un coup d'Etat militaire en Ethiopie.

b. Les Lembas d'Afrique du Sud

Les Lemba constituent une tribu à cheval entre l'Afrique du Sud, le Mozambique et le Zimbabwe, dont la tradition orale raconte qu'ils sont des Hébreux ayant quitté leur territoire d'origine il y a environ 15 siècles. Sans avoir été évangélisés, ils pratiquent presque tous les rites juifs.

La communauté Lemba contenait environ 50.000 membres en 2002. Ils sont essentiellement localisés au nord-est de l'Afrique du Sud (régions du Sekhukhuneland et du Venda), au sud du Zimbabwe et au sud-ouest du Mozambique. Ils parlent les langues des populations environnantes, comme le venda, le sotho ou le shona. Ils se distinguent toutefois de ses populations par leur culture et leurs traditions d'origines. Dès 1728, ils étaient présentés par un Noir local du nom de Mahumane comme un Etat, un peuple « séparé » et des « commerçants ». En 1937, ils étaient soupçonnés uspectés par Van Warmelo, un chercheur boer, d'être d'origine sémite en raison de leurs coutumes et leurs pratiques religieuses. Presqu'un siècle plus tôt, en 1854, ils étaient décrits comme des musulmans par des Boers. Toutefois, de nos jours, ils se définissent comme des pratiquants de la religion israélite, descendants de Juifs du Yémen. Ils seraient originaires d'une ville appelée Sena dans leurs traditions, d'où l'un de leurs noms Basena, « ceux de Sena ».

Quels sont ces éléments qui permettent à la fois aux Lemba et aux chercheurs scientifiques de prétendre à une origine juive ? Ils pratiquent la circoncision, ils ne mangent pas le porc, ils ne consomment pas la viande des animaux abattus rituellement et ne se marient qu'entre eux. Toutefois, ces pratiques peuvent renvoyer aussi bien à l'Islam qu'au Judaïsme et les premières études sur les Lemba ne mentionnent ni Torah, ni Coran oraux ou écrits, ni Ramadan, ni pèlerinage pascal, par exemple. Plus récemment toutefois, les Lembas, majoritairement convertis au christianisme, se définissent comme des descendants d'hommes juifs du Yemen qui auraient migré par bateau vers l'Afrique avec des Arabes dans un but commercial vers 600 après J-C. Il existait en effet une communauté juive dans une ville appelée Sa'na au Yemen et dont dériverait peut-être la ville de Sena, dont les Lemba se disent originaires.

Une étude génétique de Spurdle et Jenkins publiée en 1992 avait mis en évidence la présence de marqueurs communs à beaucoup d'hommes du Moyen Orient et aux Lembas, confirmant en partie la théorie selon laquelle leurs ancêtres seraient venus du Yémen en Afrique où ils se seraient mis en couple avec des femmes autochtones. Une autre étude génétique de 2000 par Thomas et al. a mis en évidence un autre fait encore plus convaincant. Selon l'Ancien Testament, le premier grand prêtre des Israelites fut Aaron, frère aîné de Moïse qui se serait fait accorder, à lui et à ses descendants, cette fonction par Dieu. En 1997, une étude génétique de Shorecki avait mis en évidence qu'une grande proportion de Juifs modernes observant la fonction héréditaire de Kohen possédaient un marqueur génétique commun suggérant une descendance à partir d'un ancêtre commun masculin, qui selon la tradition, serait Aaron. L'étude de Thomas et al. a étendu cette analyse aux Lemba et plus particulièrement à leur classe de prêtres appelée Buba, dont la fonction, comme chez les Juifs, ne se transmet que de père en fils. Elle y a trouvé ce marqueur, appelé Cohen Modal Haplotype dans des fréquences de 53,8 % chez les membres de la classe Buba, contre 8%

dans les reste de la population lemba. Chez les autres Juifs appartenant à la classe des prêtres, la présence du Cohen Modal Haplotype serait de 56% pour les Juifs sépharades (Juifs d'Espagne, du Portugal et de l'actuel monde arabe) contre de 3 à 5% pour les Juifs sépharades et ashkénazes n'appartenant pas à cette classe. En d'autres mots, si le marqueur génétique Cohen Modal Haplotype est, comme tendent à le penser nombre de spécialistes un marqueur authentique d'une ascendance à partir des premiers Israelites, il semble bien que les Lembas d'Afrique du Sud en soient effectivement les descendants.

c. Les Igbo du Nigeria

Au Nigeria, les Igbo revendiquent également une identité juive depuis des siècles. Une trentaine de synagogues existent entre Abuja et Port Harcourt, et on peut considérer que plusieurs dizaines de milliers d'Igbo pratiquent le judaïsme.

Les Igbo, qui s'appellent les Hebrewits, se considèrent d'ailleurs comme des juifs pré talmudiques, sur la base des traditions hébraïques de leurs ancêtres. Selon leur tradition orale, ils affirment que leurs ancêtres sont venus de la Palestine antique par les anciennes routes caravanières africaines. Ils se désignent comme un fragment de la diaspora juive, voire comme une tribu perdue d'Israël.

Une autre communauté, afro-américaine celle-là, dont faisait partie le pasteur Martin Luther King, assassiné le 4 avril 1968 par des extrémistes blancs, et qui revendiquait aussi les origines juives, a quitté les Etats Unis d'Amérique en vue de retourner en Terre Promise. Ils peinent encore aujourd'hui à se faire accepter comme hébreux par l'Etat d'Israël. Mais au moins, ils ont déjà obtenu le droit de résider en Israël.

7. CONCLUSION

Des études scientifiques récentes effectuées sur l'ADN à l'université Harvard ont démontré que l'homme noir existe depuis plus de douze mille ans sur terre tandis que le Blanc n'a que huit mille ans d'âge. Ce qui veut dire que pendant près de quarante mille ans, la planète terre n'a été peuplée que par les seuls Noirs.

Cette découverte scientifique implique que l'homme que Dieu a créé était de peau noire et que c'est le Blanc qui a été un accident de la nature. Ne pouvant accepter cette réalité et reconnaître que le Noir tant détesté puisse être le génie à la base de cette civilisation dont il est si fier, le petit frère blanc a, parfois inconsciemment, entrepris de détruire tout ce qui pouvait relier le Noir à son antique et glorieux passé.

C'est ainsi par exemple qu'en 1798, lors de son expédition militaire en Egypte, accompagné des scientifiques français, Napoléon se rendit compte que cette grandiose civilisation égyptienne avait été créée par les hommes à la peau noire et au gros nez plat, ce qui faussait et blessait toute sa fierté. Il entra dans une colère indescriptible et tenta de fausser l'histoire en envoyant ses soldats casser le nez des statues égyptiennes pour les adapter à la morphologie blanche.

Cela ne suffisant pas, une fois de retour chez eux, ces scientifiques inventèrent une nouvelle théorie selon laquelle les Egyptiens et les Nilotiques (Massaïs et Tutsis) constituaient une race supérieure à celle des bantous qui représentent plus de 90 pourcents de la population africaine et qui, eux, devaient continuer à subir la maltraitance selon la prétendue malédiction de Noé. Cette théorie, vulgarisée en Afrique de l'Est pendant la colonisation, est la base sur laquelle se fondent encore aujourd'hui certains Tutsis dont le Président Paul Kagame du Rwanda et ses alliés occidentaux, notamment la France et les Etats Unis d'Amérique, pour maltraiter ses frères Hutus (Bantous) et créer impunément du désordre à l'Est de la République Démocratique du Congo (Bantous) qu'ils considèrent comme des peuples inférieurs.

Déculturation, esclavage, colonisation, ségrégation raciale et apartheid n'ont été que des tentatives parmi tant d'autres de l'homme blanc pour affirmer et asseoir sa dérisoire supériorité sur le Noir, oubliant que les connaissances dont il se prévaut aujourd'hui avaient été puisées chez ces mêmes Noirs. Exemple de Pythagore, considéré aujourd'hui comme l'un des pères de la géométrie, alors qu'il avait été formé en la matière par les constructeurs des pyramides égyptiens. D'autant plus que, dès 1453, le Pape, au nom de l'Eglise Catholique Romaine, avait reconnu que la traite négrière était conforme aux Ecritures.

Il en découle que les Hébreux étaient, dans leur nature, des hommes noirs. Les Israéliens d'aujourd'hui ne sont donc pas les Israélites d'hier. Ils disent eux-mêmes qu'ils sont des Juifs Ashkénazes. Ashkénaze étant petit-fils de Noé dans la lignée de Japhet, ils sont en vérité des Juifs convertis, car les véritables Juifs sont les descendants d'Abraham qui était noir, dans la lignée de Sem.

Donc, après leur sortie d'Egypte et leur entrée en Terre Promise, les Israélites constituèrent au pays de Canaan un Grand Royaume appelé Royaume d'Israël. Plus tard, après la mort du roi Salomon, il y eut une révolution interne et le royaume se scinda en deux. Dix des douze tribus d'Israël gardèrent le nom de royaume d'Israël avec capitale à Samarie, tandis que les tribus de Juda et de Benjamin constituèrent le Royaume de Juda avec capitale à Jérusalem (I R : 12).

Le Royaume d'Israël fut détruit, sous le roi Osée, par les Assyriens. Ses habitants survivants furent déportés et remplacés par des peuplades d'origines diverses sous colonisation assyrienne (II R : 17). L'histoire a perdu toute trace de ces fils d'Abraham. Pour sa part, le Royaume de Juda, malgré l'apparente liberté qui lui fut reconnue de temps en temps, est longtemps resté un protectorat successivement babylonien, perse, grec, romain et finalement turc, sous l'égide de l'empire Ottoman.

Comme on le sait, lorsque naquit Jésus Christ, la Judée était sous colonisation romaine. Et, comme il l'avait prédit (Luc 21 : 24), les Romains décidèrent de détruire Jérusalem en l'an 70. Cela se passa comme ça se passait d'

..habitude dans ce genre de situation : destruction des infrastructures, massacre de la population, vente des survivants en esclavage, et repeuplement du pays par d'autres peuples. Lors des guerres des religions, les Musulmans chassèrent les Romains et occupèrent la Palestine. Enfin, à la faveur de la deuxième guerre mondiale, les Ashkénazes firent leur entrée sur scène et créèrent l'Etat d'Israël en 1948.

Les véritables Juifs ? Si vous allez aux Etats Unis d'Amérique aujourd'hui, vous aurez l'impression que ce pays a toujours appartenu aux Européens et aux Noirs qui y ont été amenés de force comme esclaves. Et pourtant, lorsque Christophe Colomb débarqua en Amérique en 1492, il n'y trouva ni Occidentaux ni Africains. il y trouva plutôt des populations autochtones, des Amérindiens, qui y vivaient paisiblement. Ces derniers furent en majorité massacrés par les conquistadors occidentaux. Les survivants ont été amalgamés à la nouvelle société au point que rares sont ceux qui se souviennent encore que l'Amérique est la terre de leurs ancêtres, usurpée par les Occidentaux. Bientôt, les Amérindiens auront disparu du territoire des Etats Unis d'Amérique, laissant leur pays aux mains des Euro-Américains et des Afro-américains.

C'est ce qui s'est passé en Palestine. Nous avons remarqué que chaque fois qu'il se produisait une catastrophe naturelle au pays de Canaan, les Hébreux descendaient chez leurs cousins égyptiens pour s'y réfugier ou se procurer ce dont ils avaient besoin pour leur survie. Les parents de Jésus, sur ordre divin, n'ont pas dérogé à cette règle (Mt 2 : 14). Il est certain que lors des conflits armés survenus dans cette région, nombreux sont des Juifs qui ont été massacrés ou vendus en esclavage. Mais il y en a toujours qui avaient pu échapper aux carnages par la fuite. Ceux-là s'étaient réfugiés en Egypte et de là ils se sont répandus en Afrique sub-saharienne. Car on trouve des traces des douze tribus d'Israël dans toute l'Afrique noire.

Nous avons par exemple la ville de Yaoundé, capitale de la République du Cameroun, dont le nom proviendrait de l'hébreux Jahudi ou de l'araméen Jahuda, qui se lit Yaoudi ou Yaouda, pour signifier fils de Juda (tribu de Juda) et que la prononciation kikongo a transformé en Yaounde (celui qu'on honore à la manière d'un roi) ; la ville de Robene (tribu de Ruben) en Zambie ; le village de Simeyong (tribu de Siméon) au Cameroun ; la ville de Jude (tribu de Juda) au Sénégal ; la ville d'Aser (tribu d'Azer) au Niger ; la ville d'Azeri (tribu d'Aser) en Mauritanie ; la ville de Gada (tribu de Gad) au Burkina Faso et en Centrafrique ; ville de Nephetali (tribu de Nephtali) au Mozambique ; village de Dan (tribu de Dan) à Bafia Centre, au Cameroun ; ville de Zablon (tribu de Zabulon) en Zambie ; ville d'Ishaca (tribu d'Issacar) en Ouganda etc. Il y a aussi la tribu Dan Yakouba (Dan, fils de Jacob) en Côte d'Ivoire qui parle même, jusqu'à ce jour, une langue hébraïque, sans compter le nom même du continent noir, Afrique, qui aurait la même racine qu'Ephraïm, l'un des deux fils de Joseph.

Au vu de tout ce qui précède, il apparaît clairement que la Bible a été écrite par des Nègres afin que les Africains sachent que le Dieu d'Israël est leur Dieu et qu'ils aient confiance en l'avenir car c'est eux qui sont les enfants de la promesse dont dépend le destin de toute l'humanité.

Si la bibliothèque d'Alexandrie, qui contenait tout le savoir égyptien, n'avait pas été incendiée par les Romains à l'époque de la reine Cléopâtre, dernier pharaon d'Egypte, l'histoire de l'Afrique aurait peut-être été écrite différemment.

TABLE DES MATIERES

La Bible et la science se retrouvent sur le terrain africain. Elles se donnent la main et disent à l'unisson que l'homme créé par Dieu était noir.

La Bible le disait depuis des siècles, on le lisait mais on ne faisait pas attention. Aujourd'hui, à force de lire et relire les mêmes Ecritures, on a fini par comprendre qu'on ne comprenait pas ce qu'on croyait comprendre, qu'on lisait de travers.

La science, qui préfère la notion de l'évolution à celle de la création, a fini par avouer, bien qu'en ignorant Dieu, non seulement que le premier couple de l'humanité était apparu en Afrique. Mais surtout, qu'il avait la peau noire.

Ensemble, la Bible et la science disent qu'Adam et Eve étaient des Nègres. C'est ce que nous tentons de démontrer ici.

Printed by Books on Demand GmbH, Norderstedt / Germany